AF225358

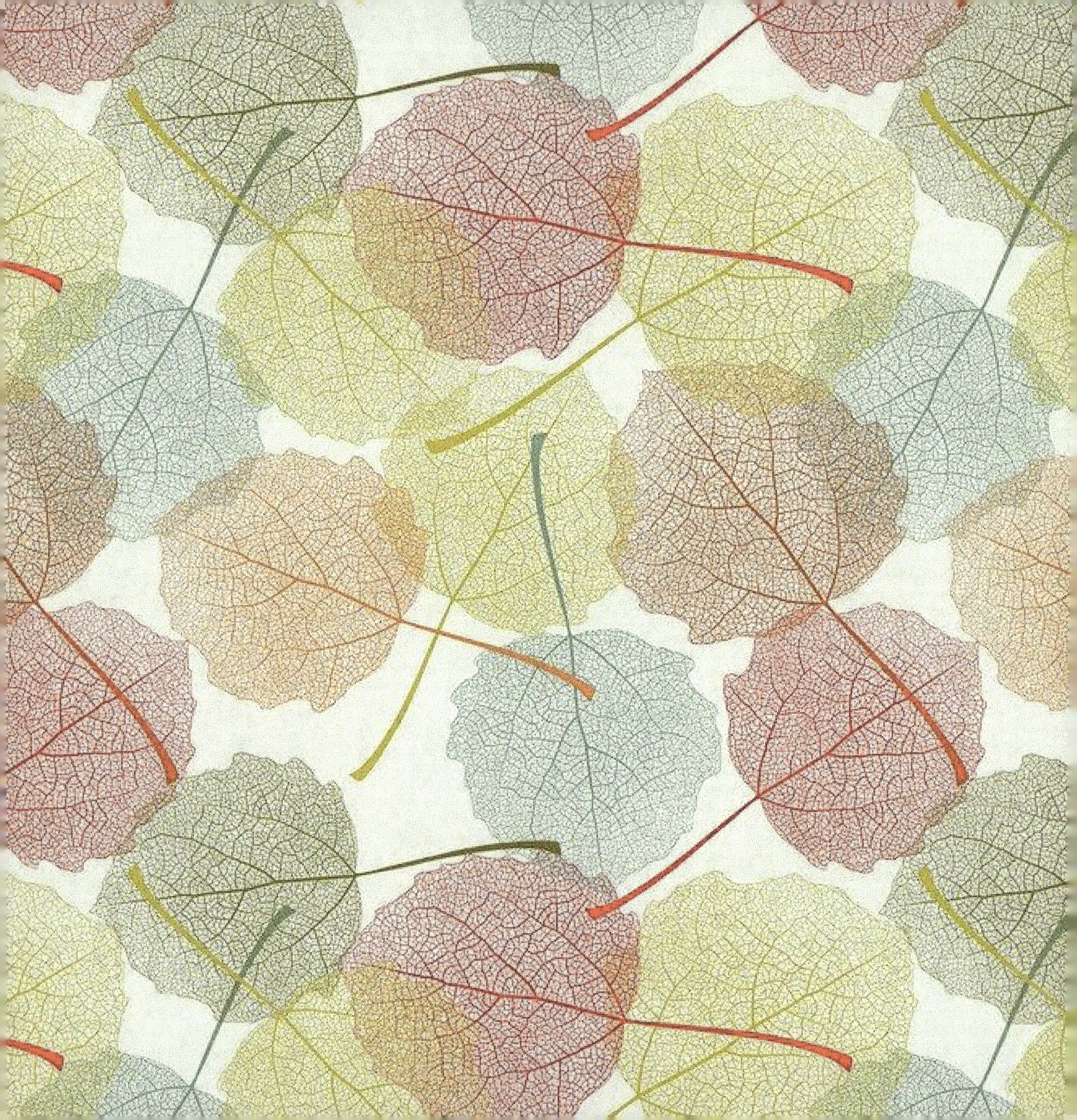

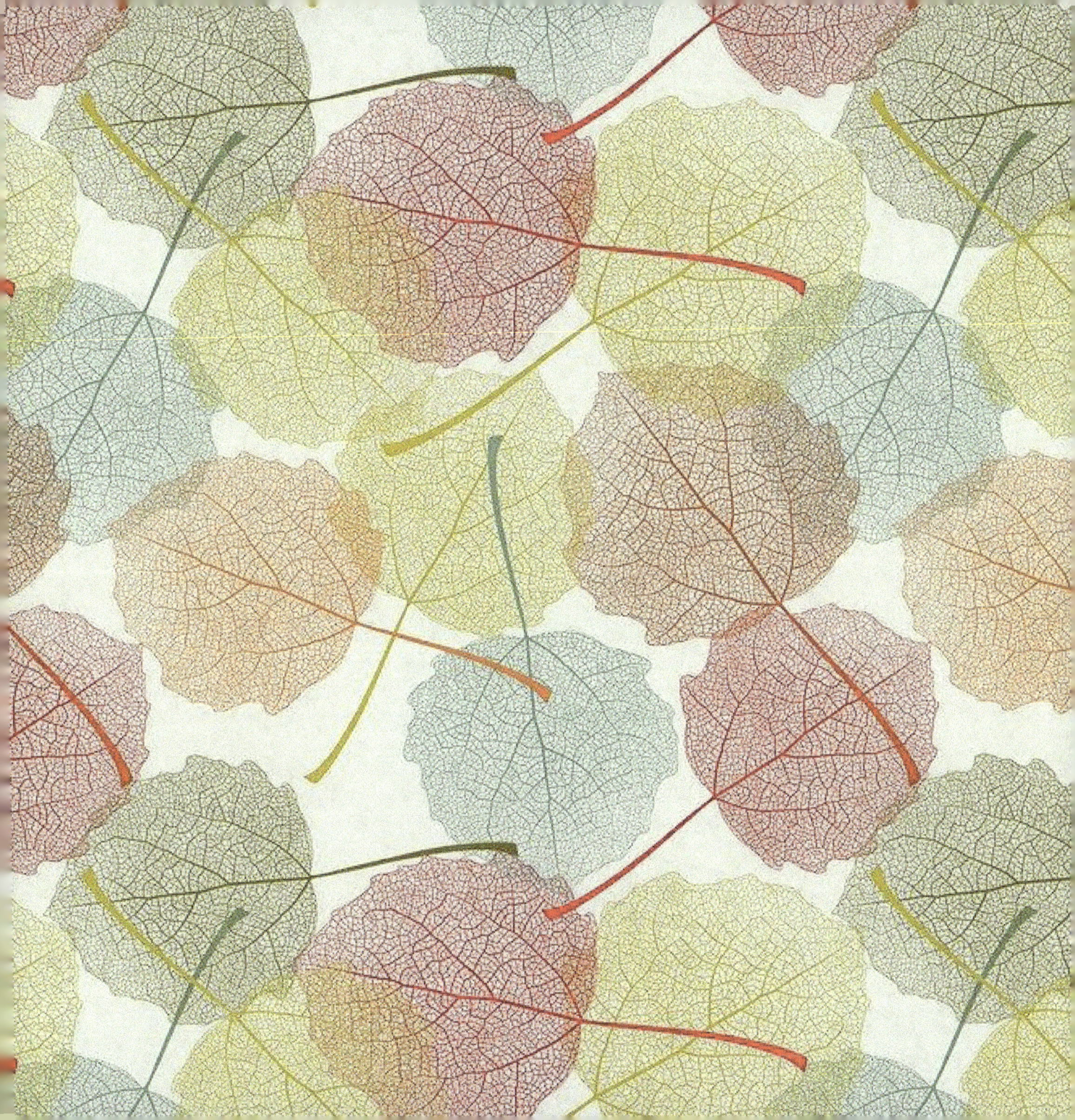

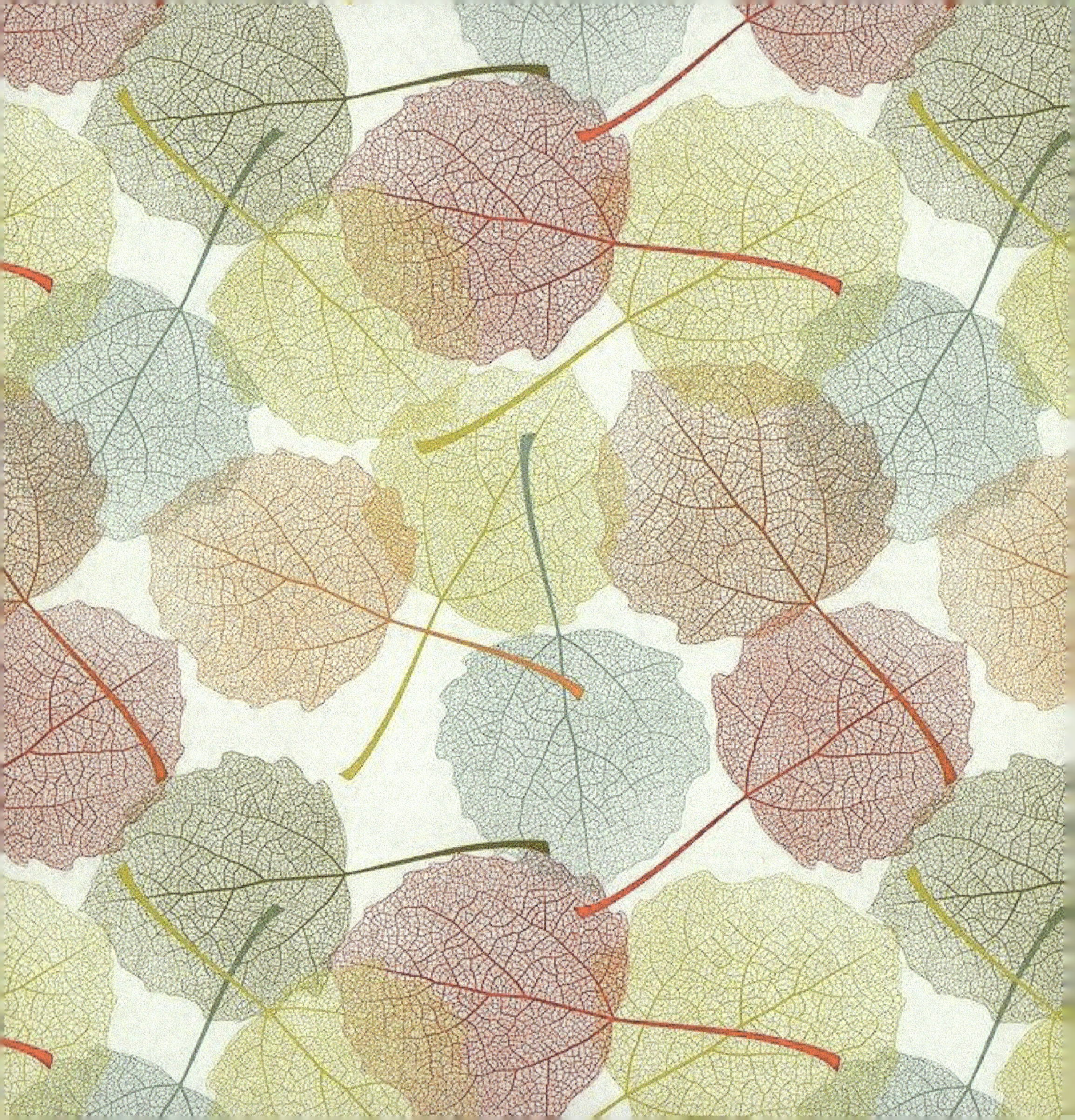

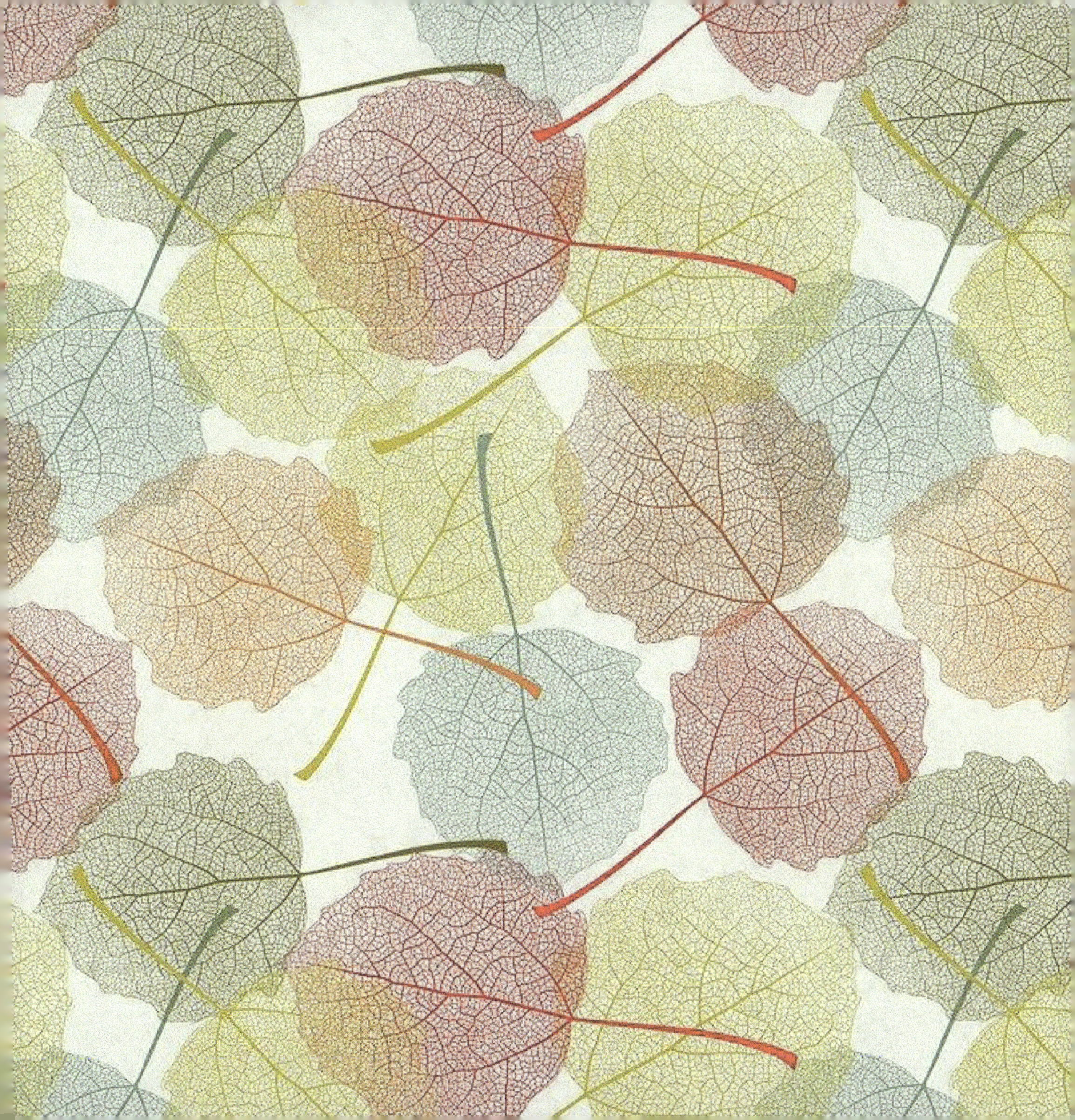

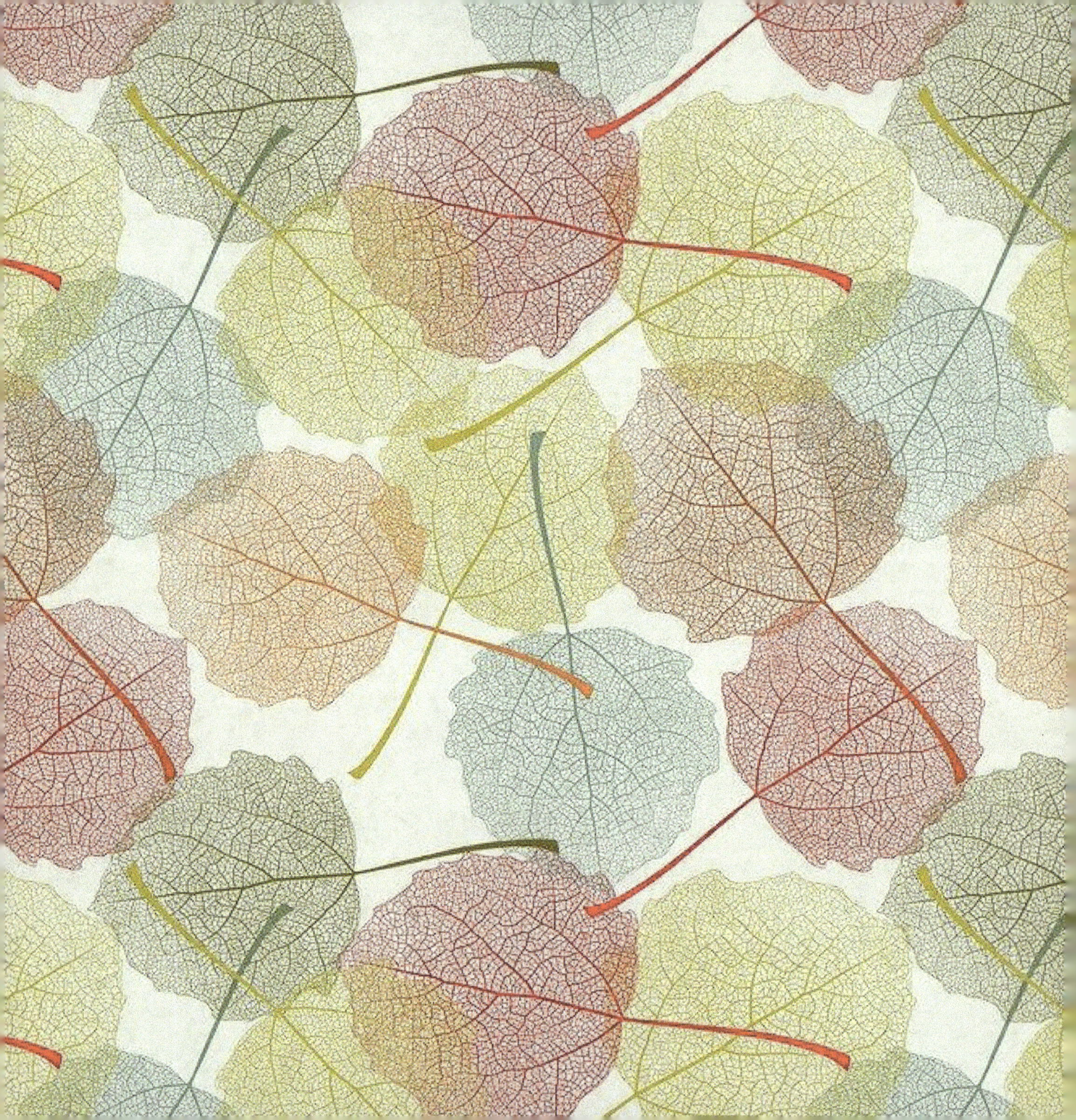

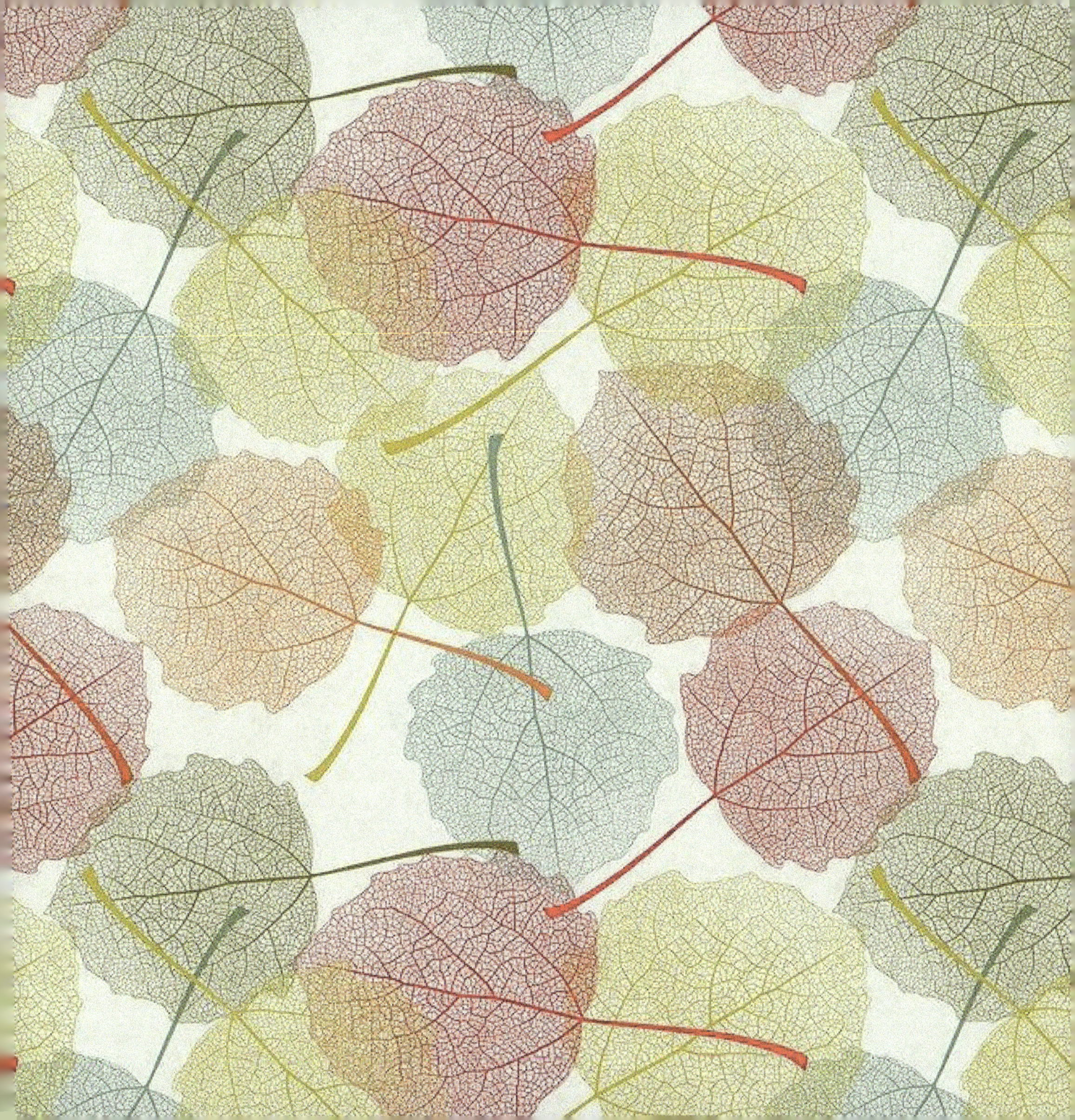

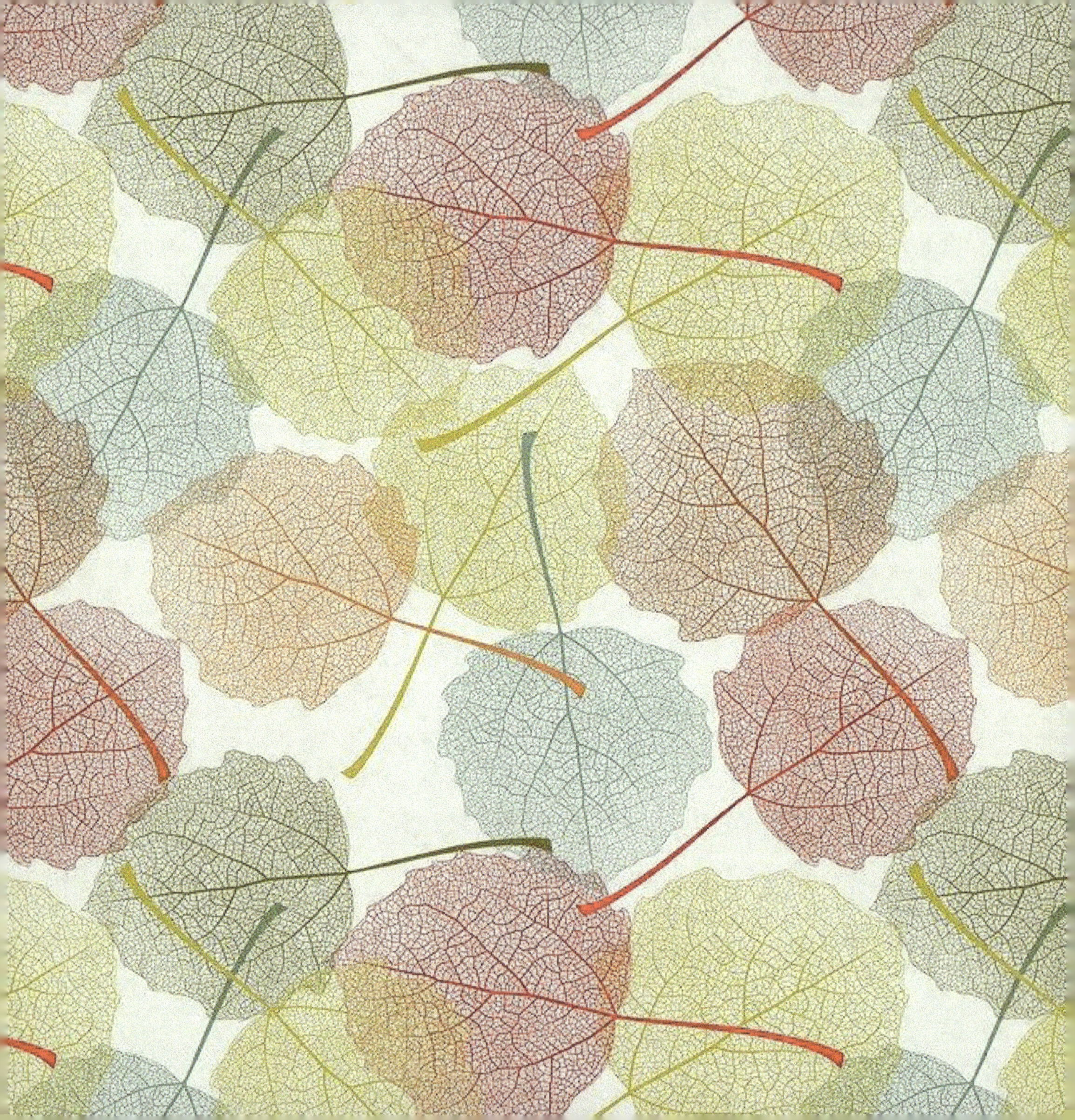

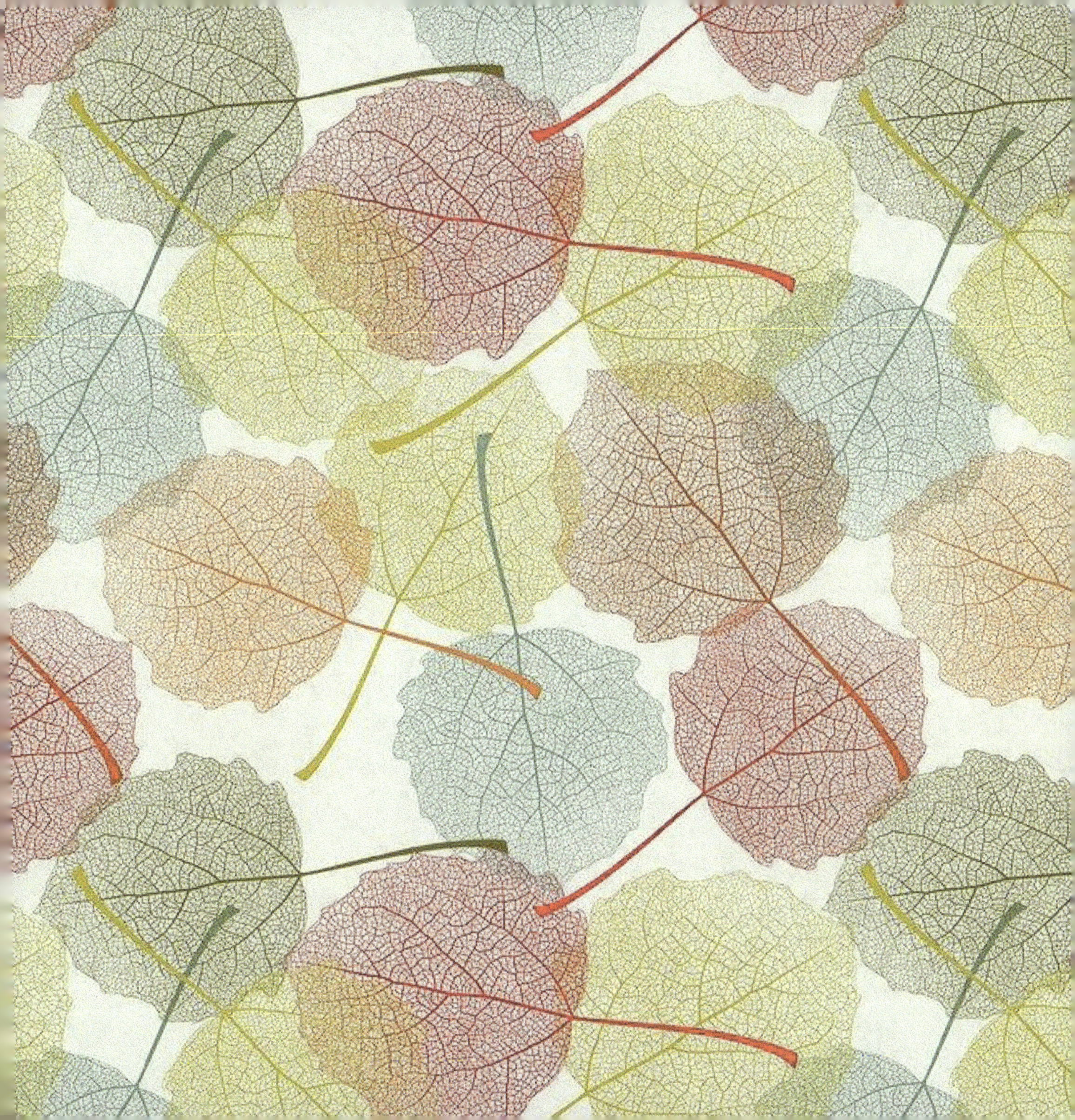

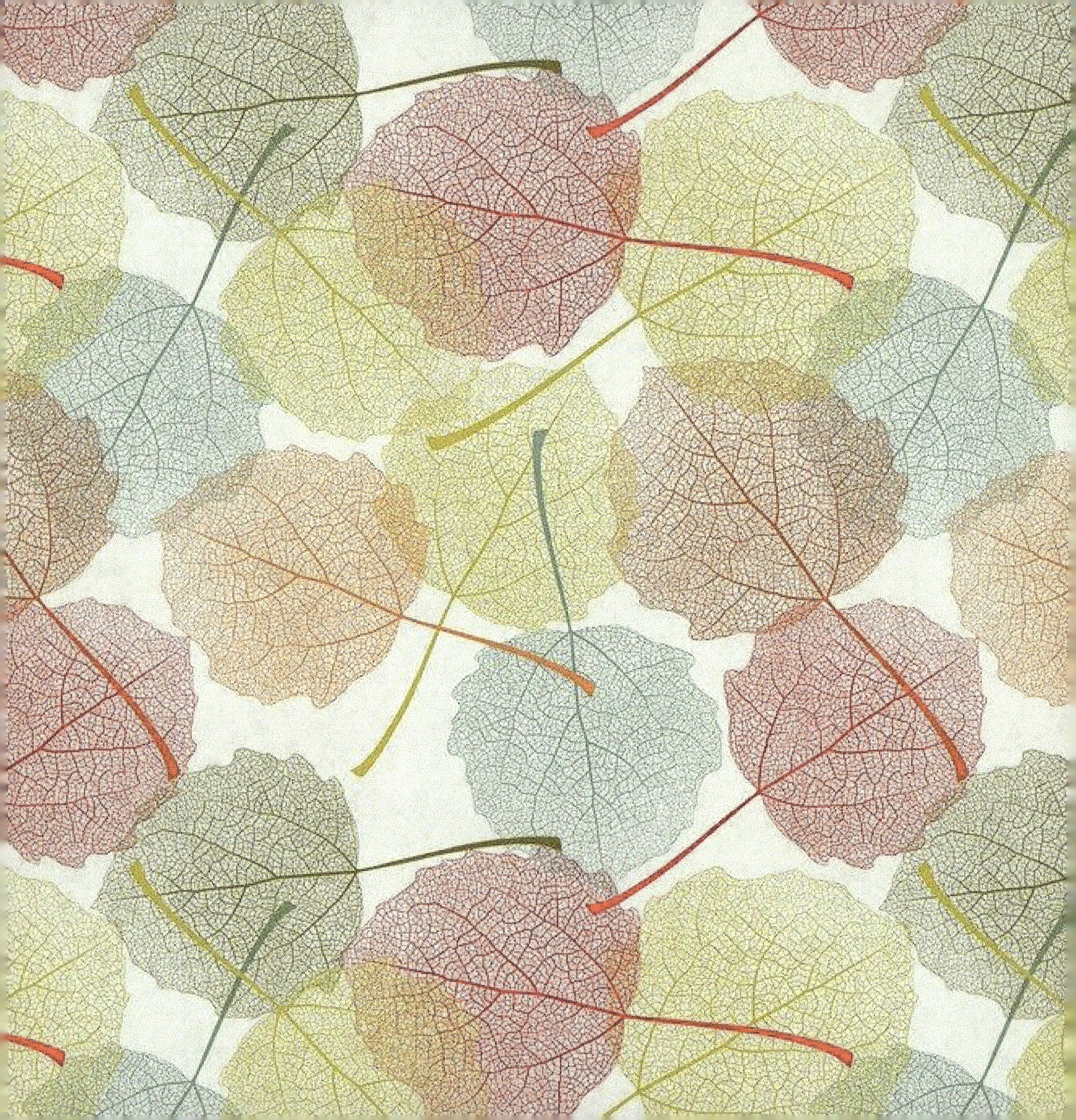

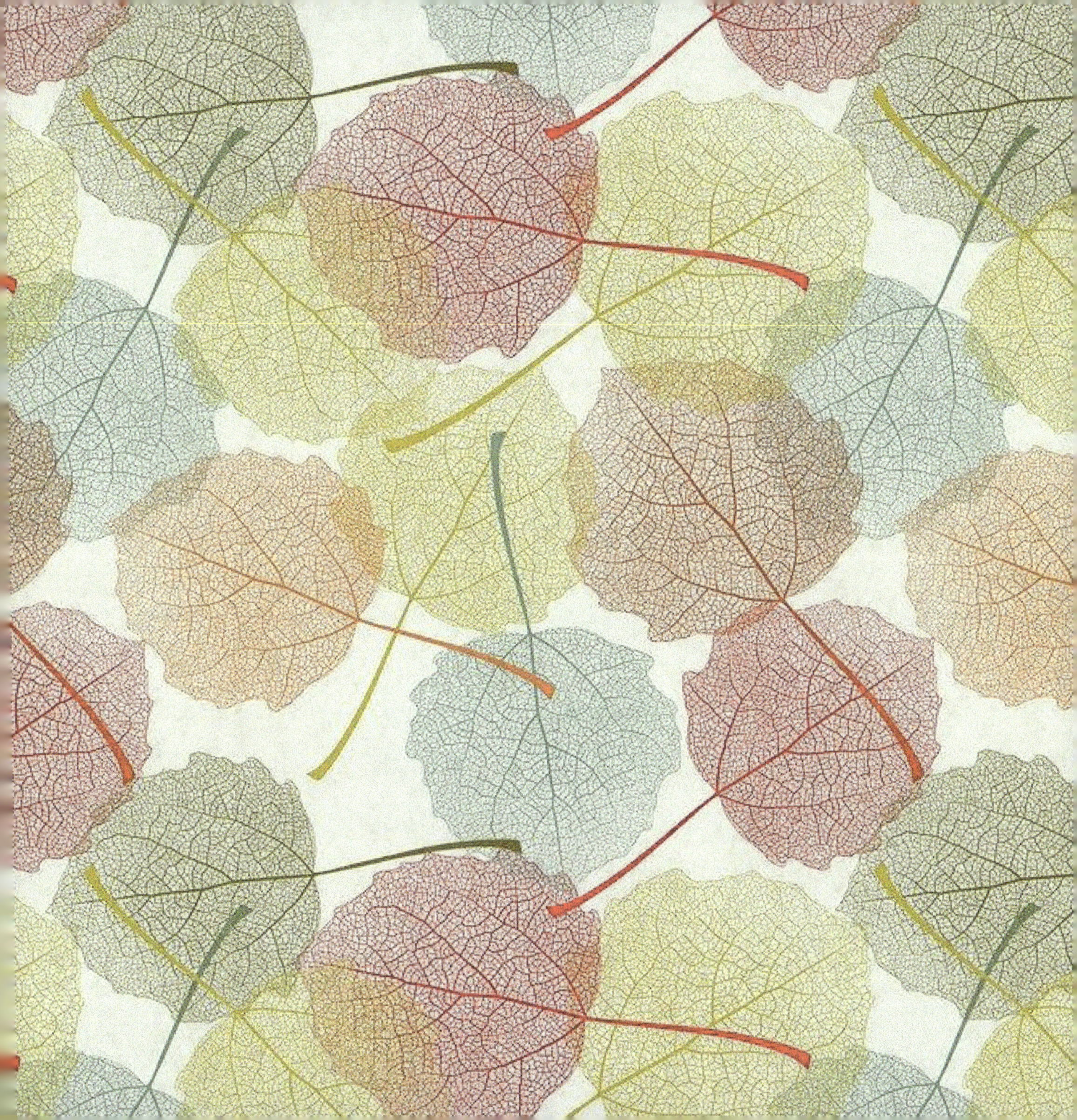

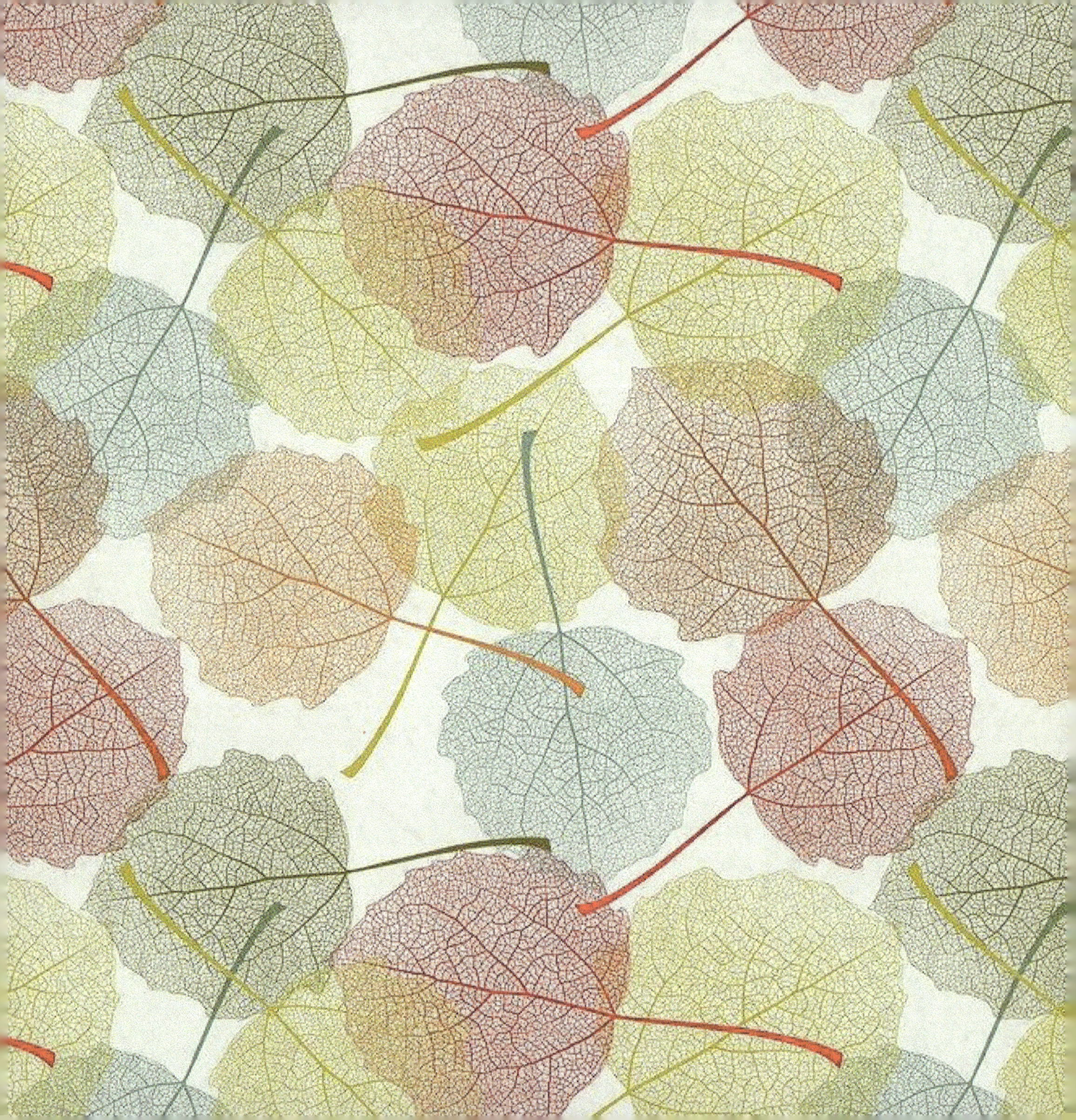

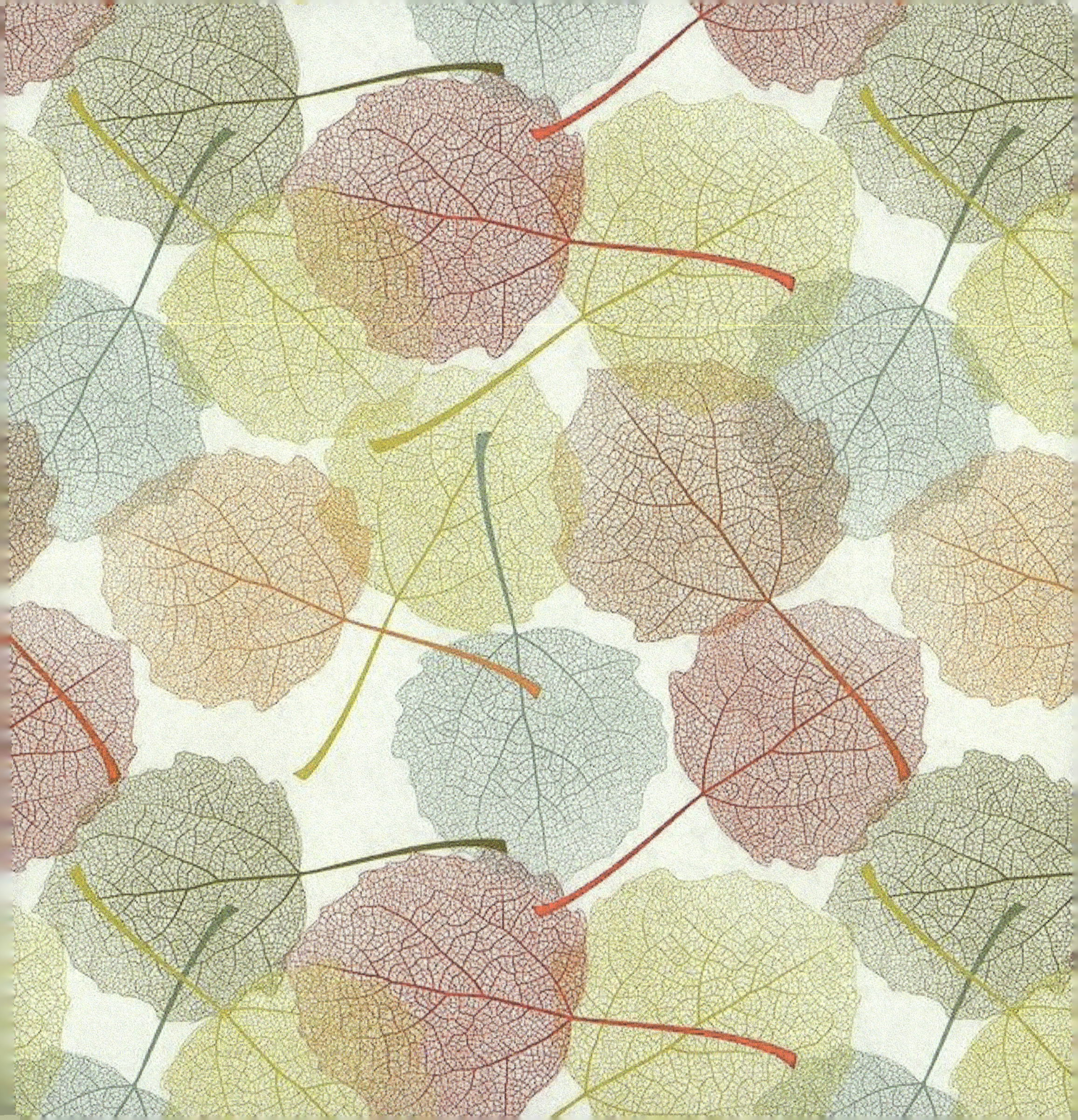

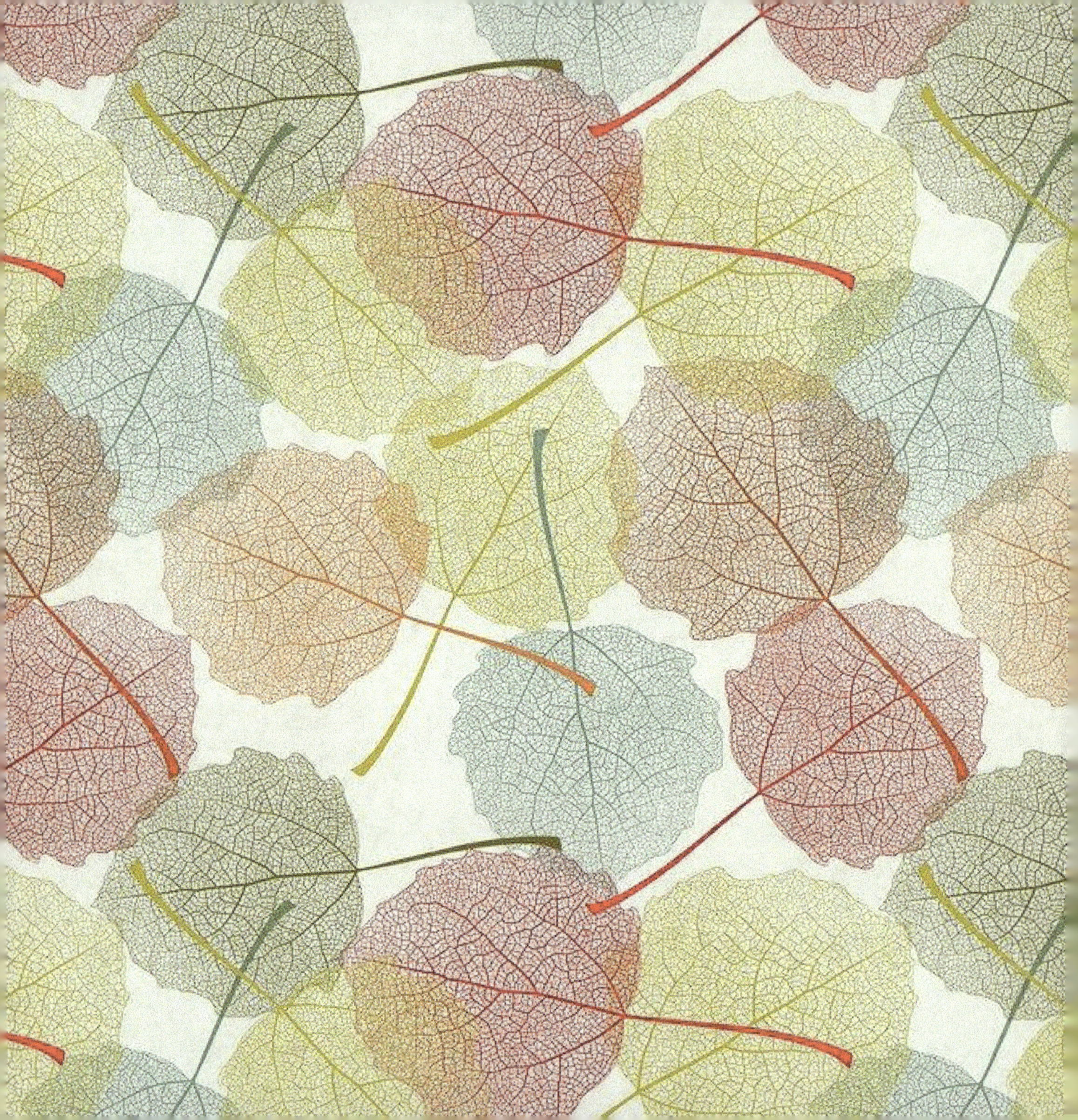

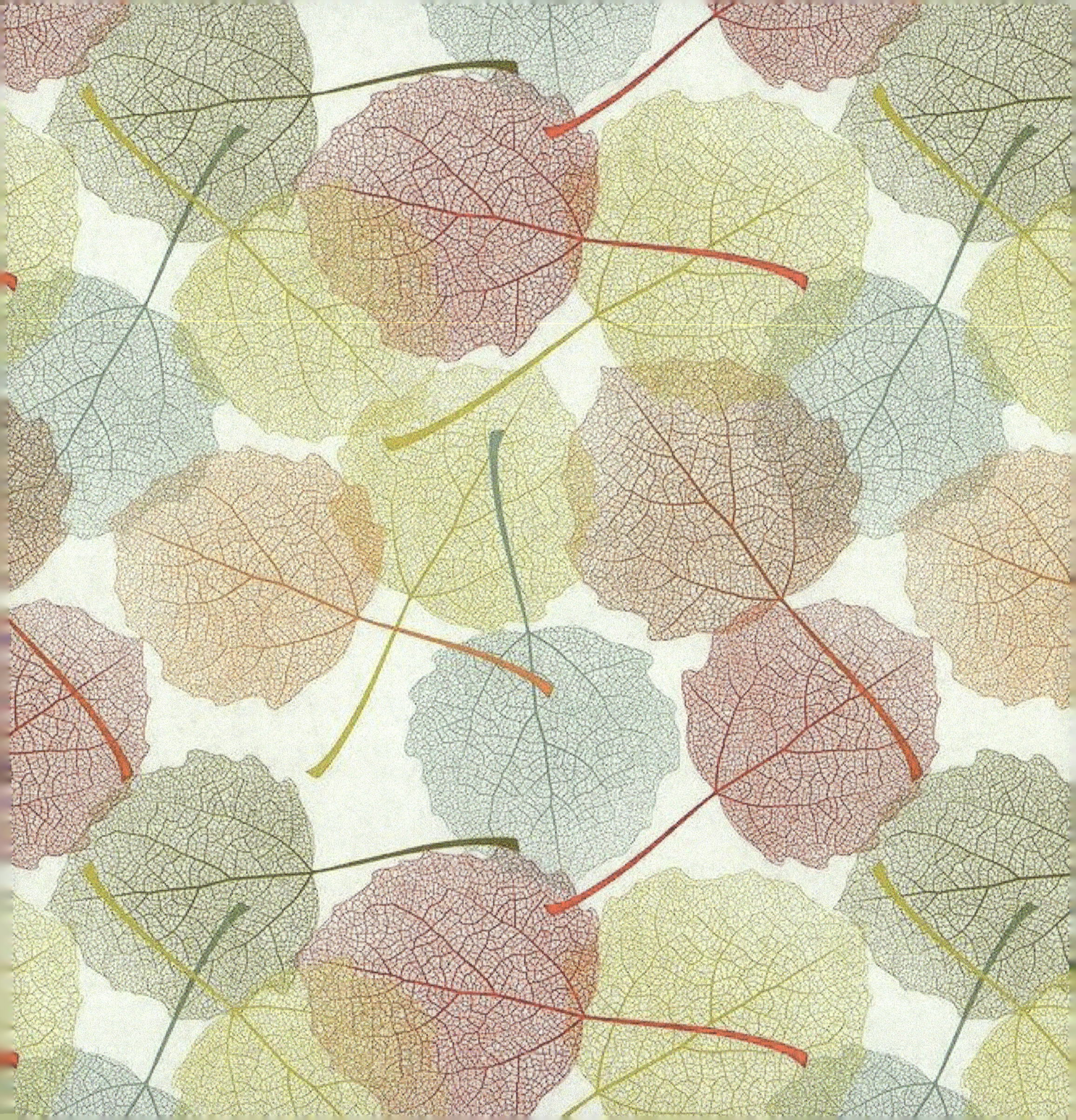

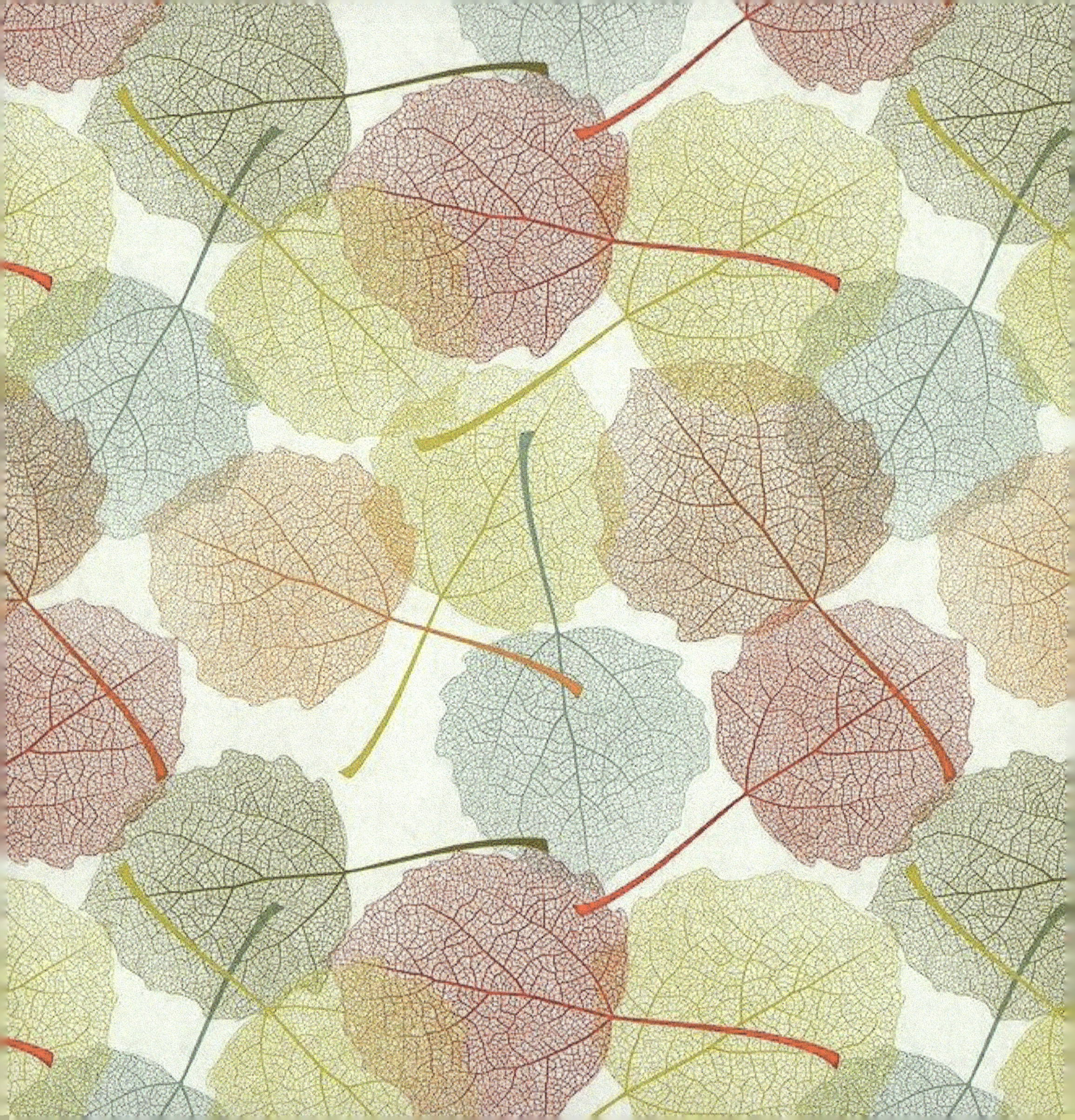

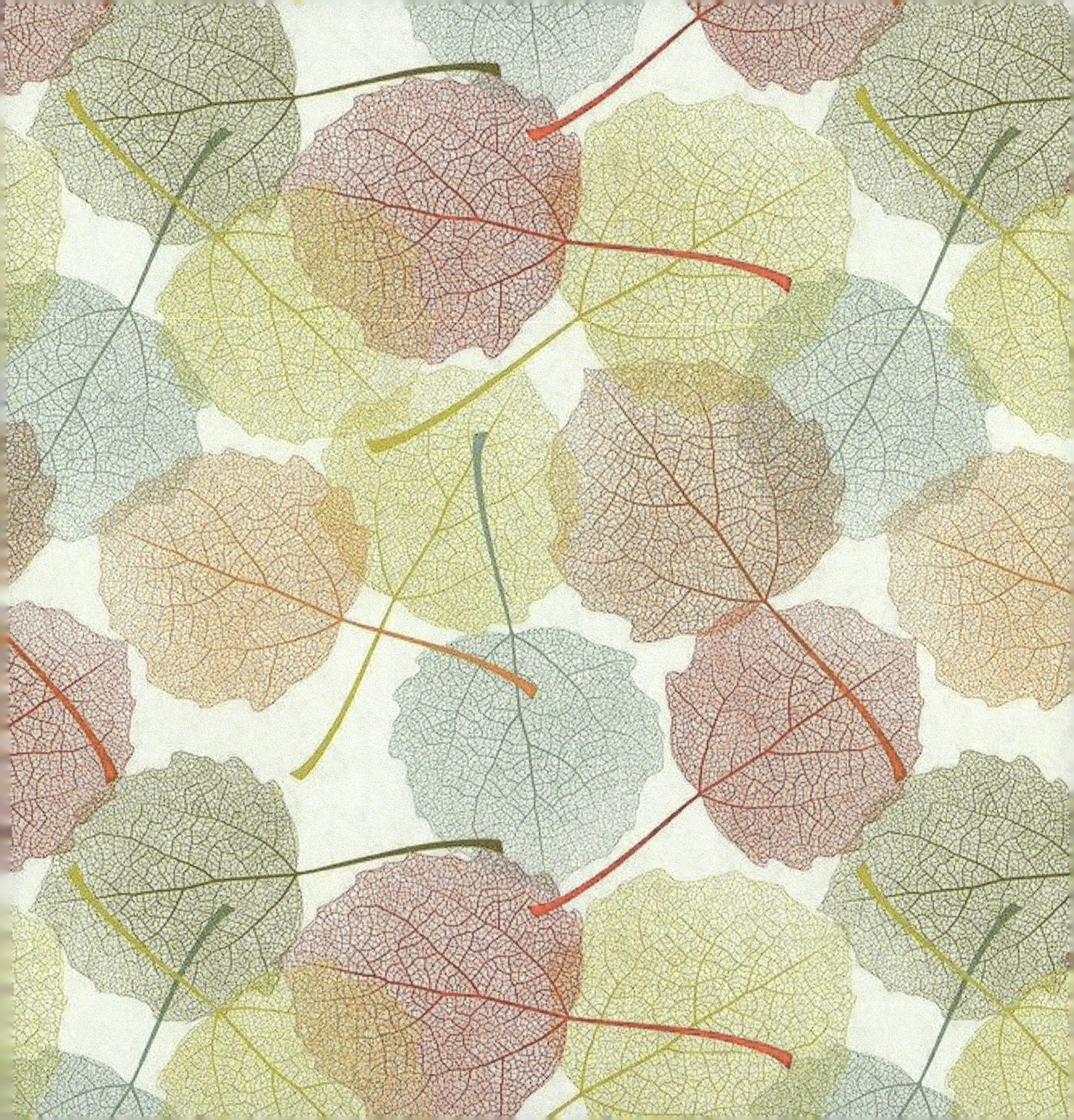

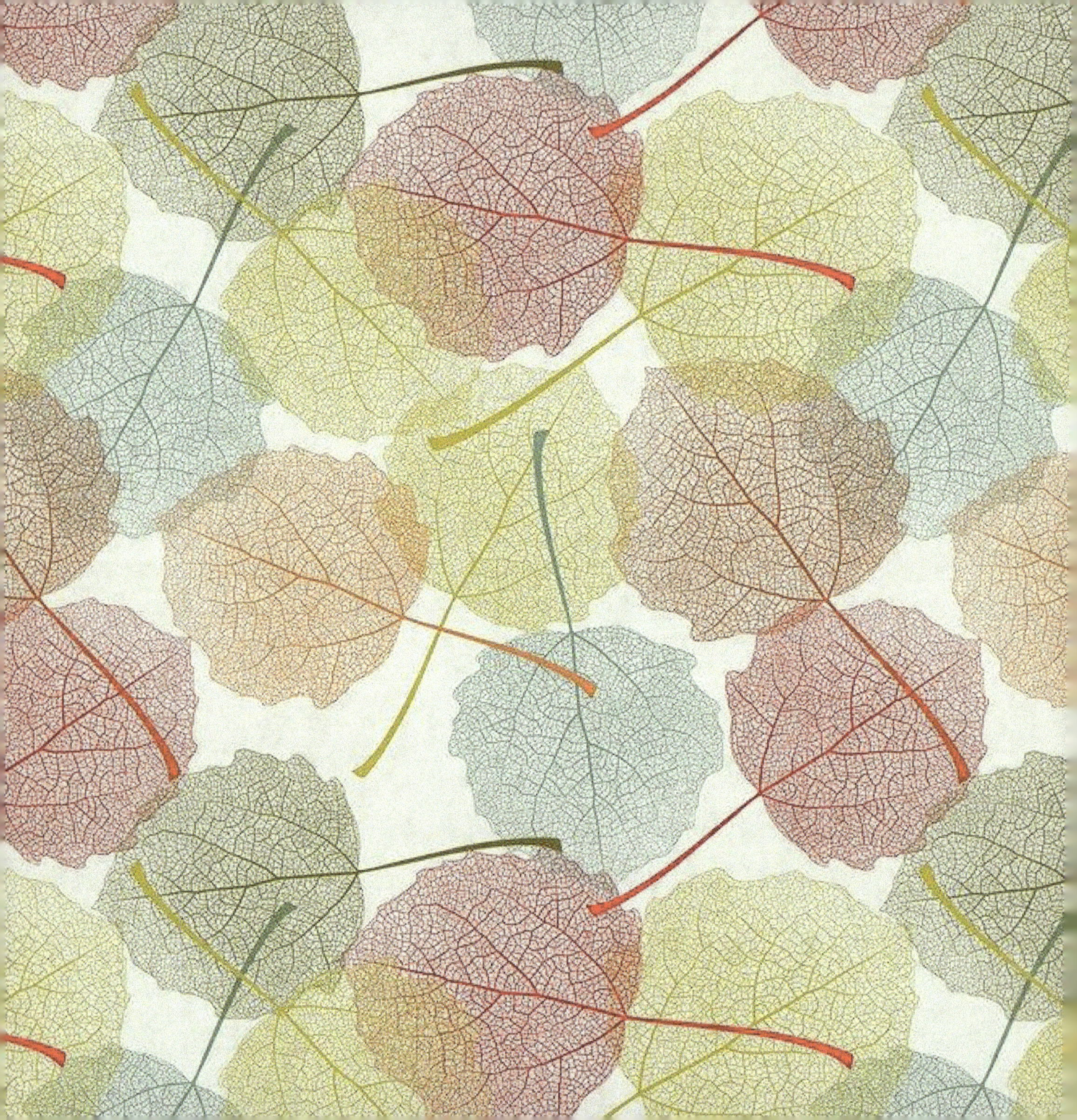

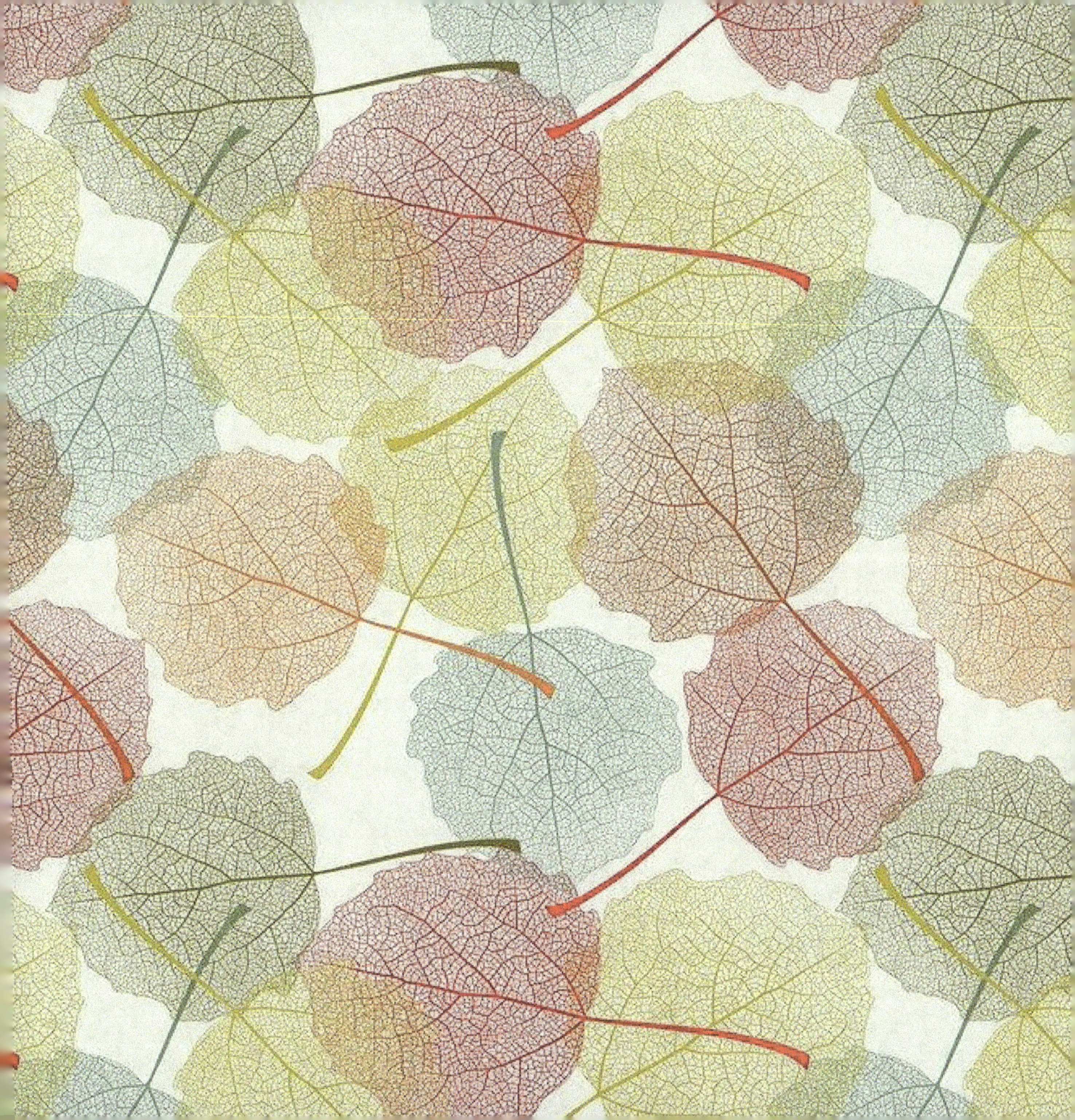

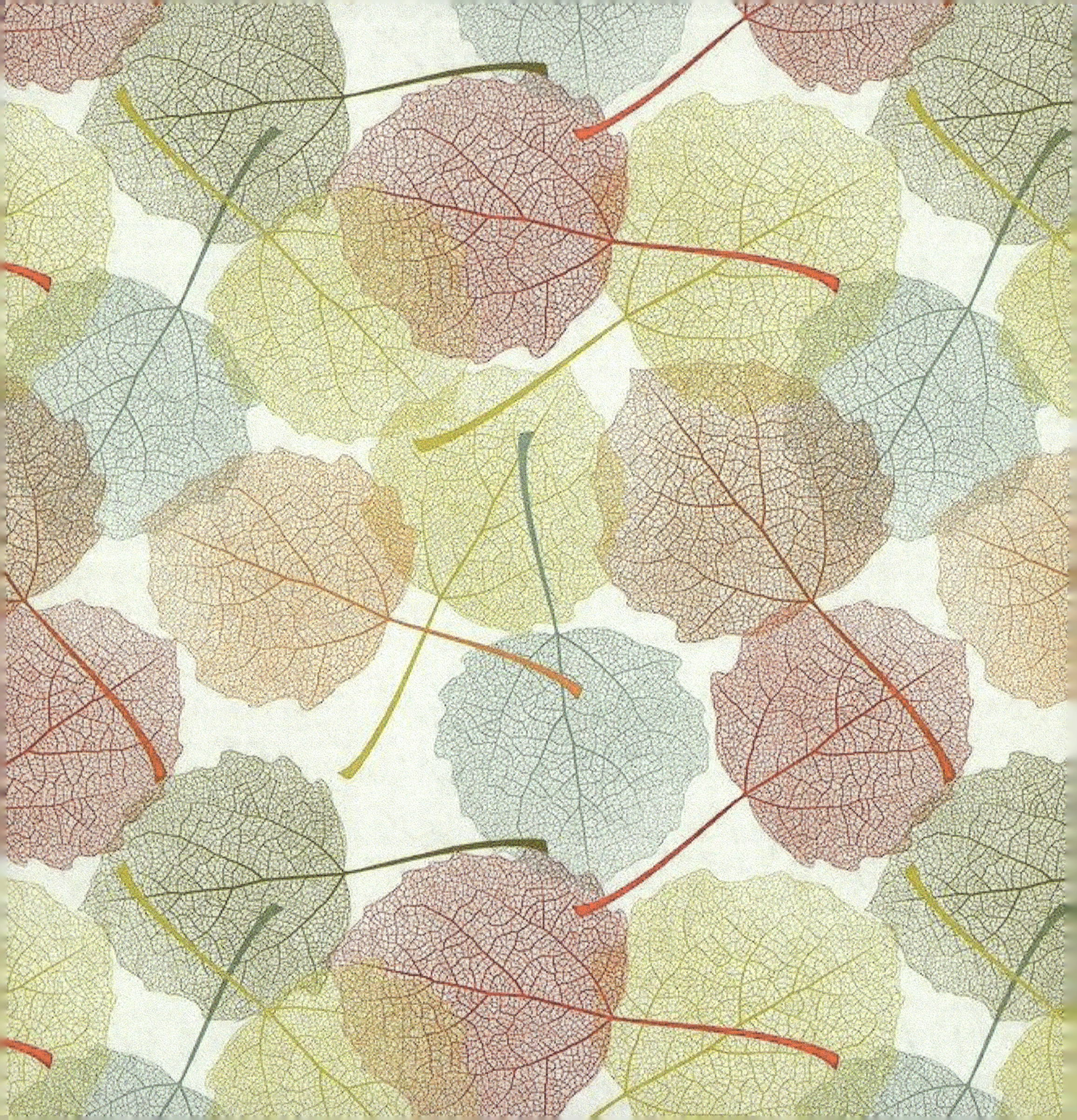

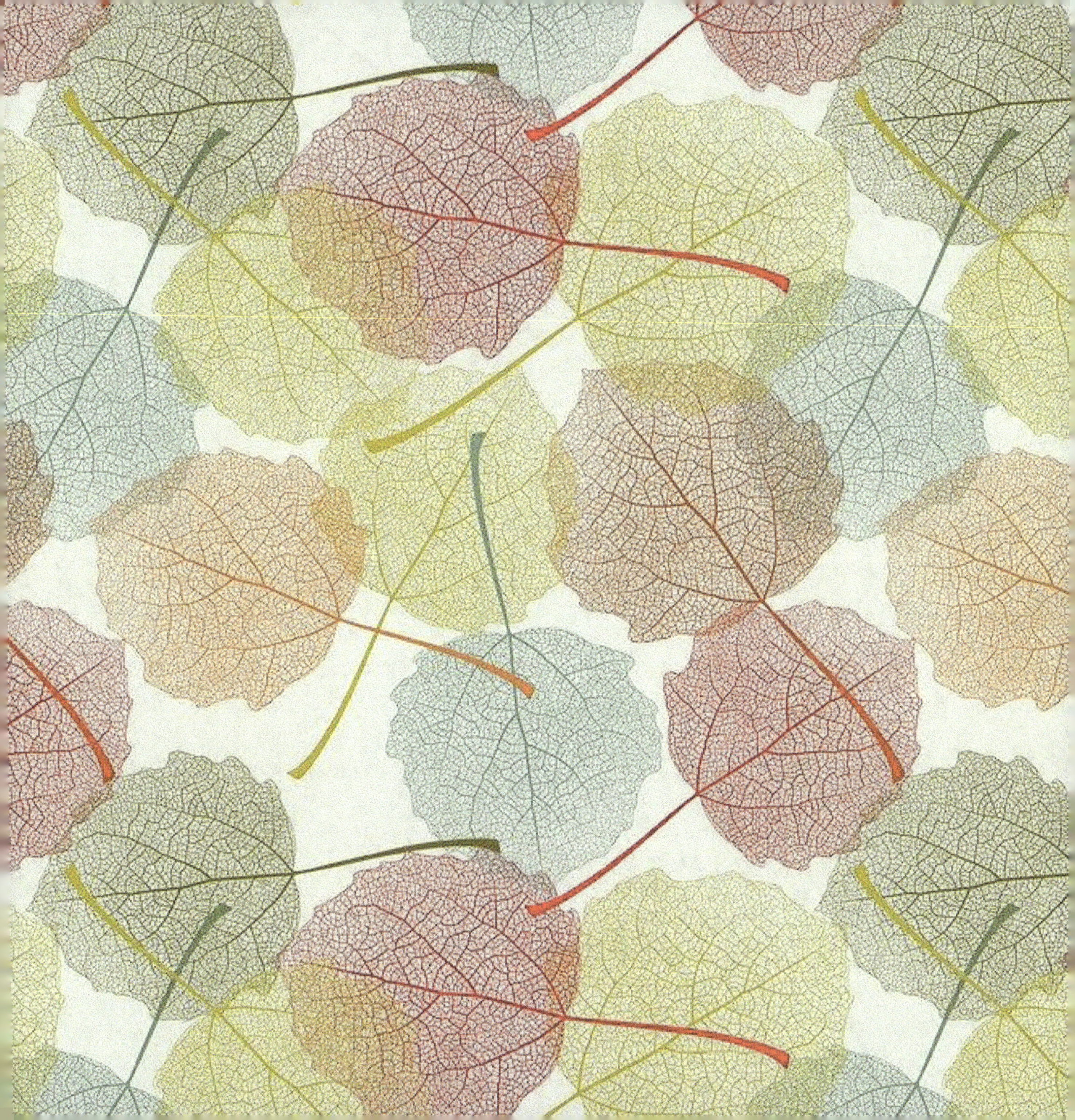

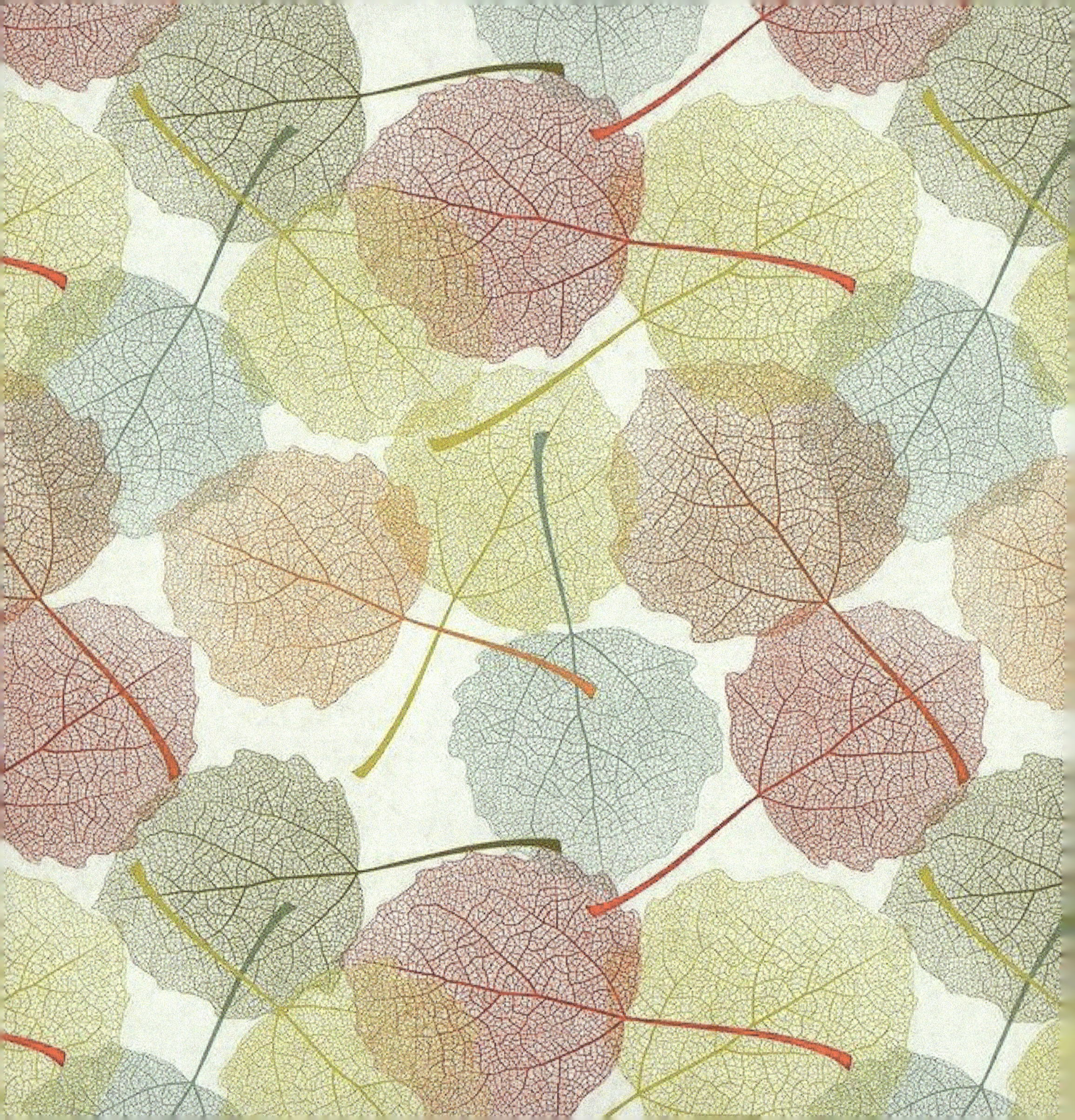

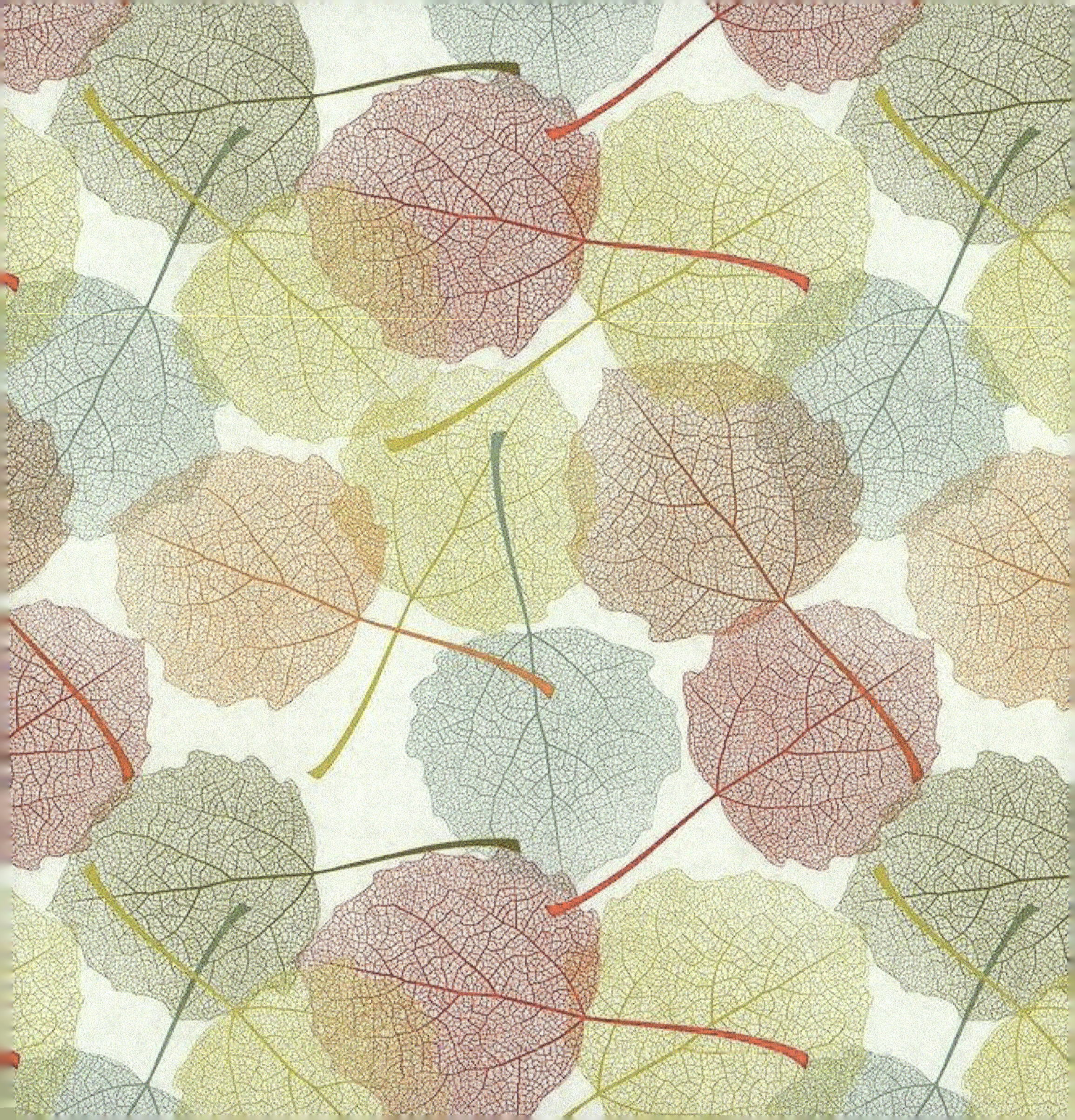

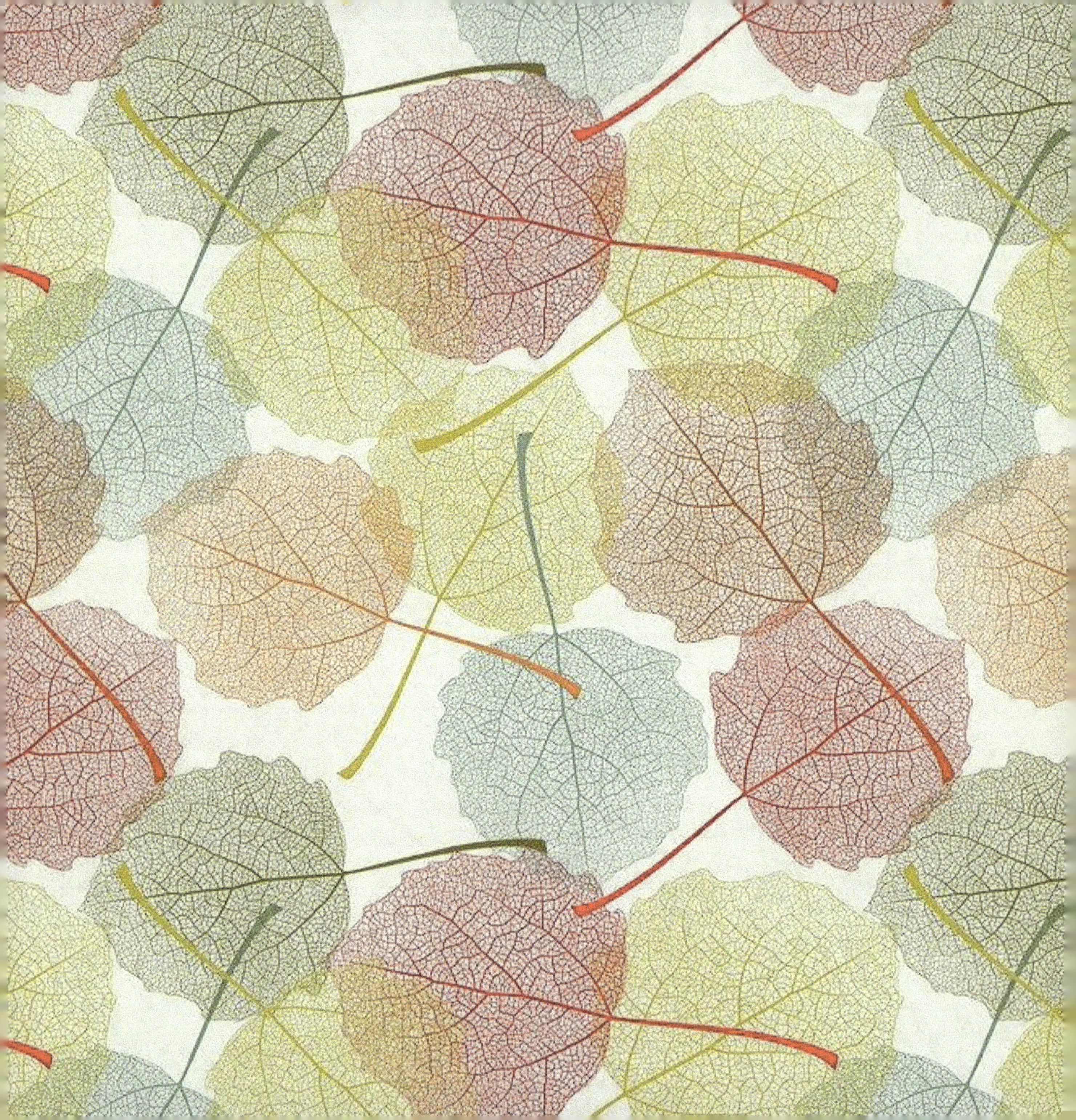

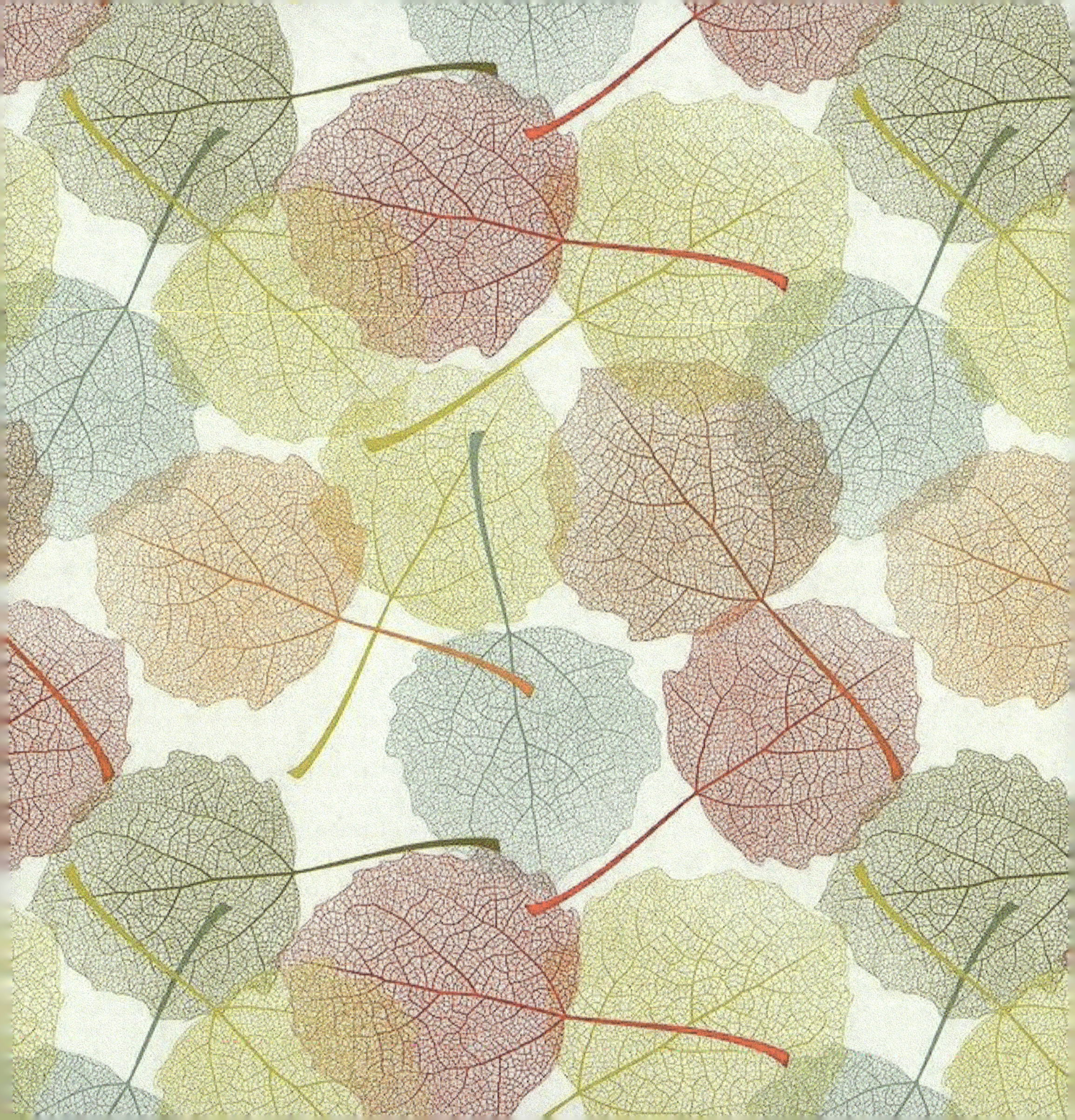

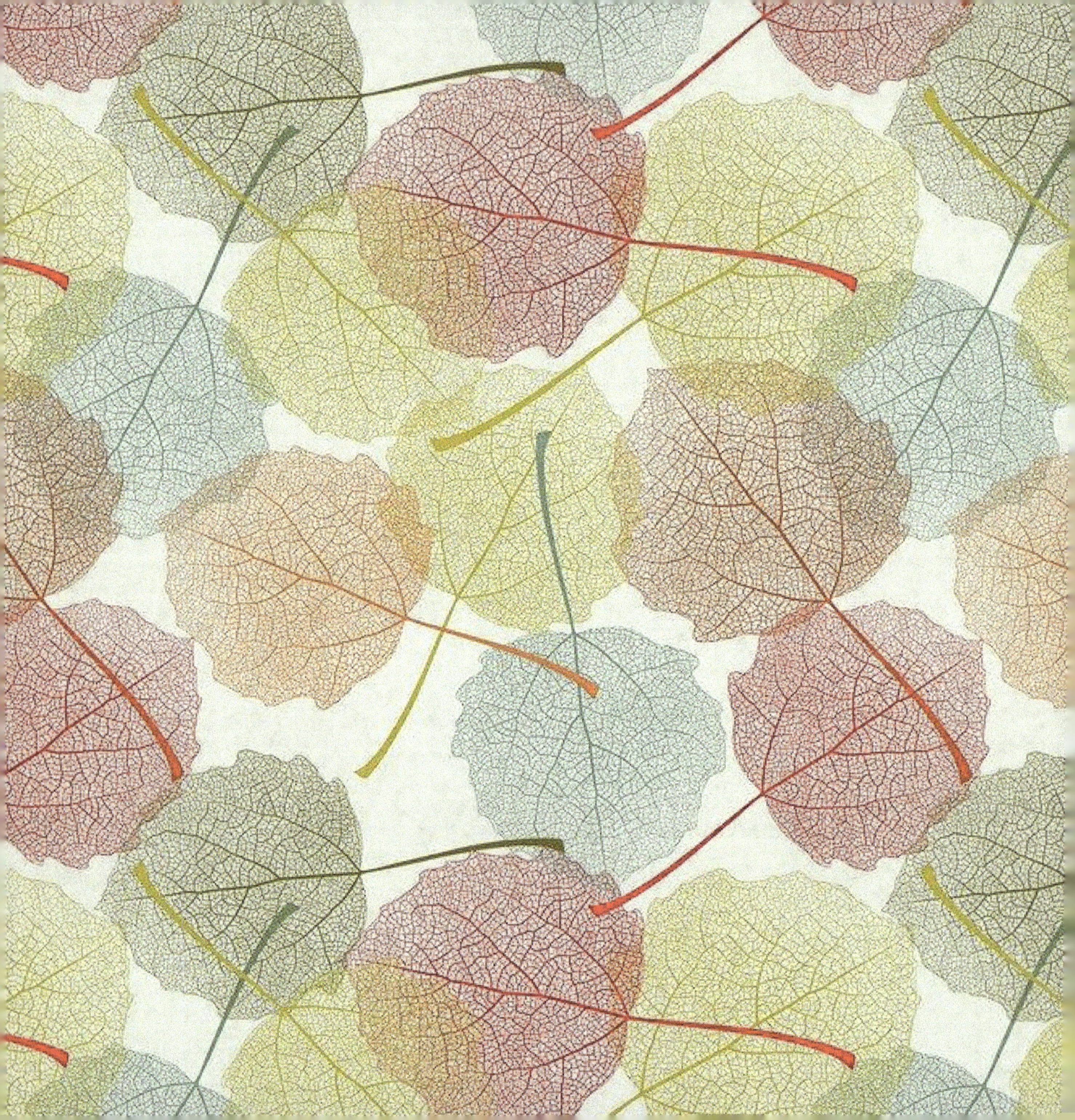